제주 날라리 배낭자

**제주
날라리
배낭자**

초판 1쇄 인쇄 2015년 5월 15일
초판 1쇄 발행 2015년 5월 19일

지은이	배낭자
펴낸곳	(주)거북이북스
펴낸이	강인선
등록	2005년 5월 23일(제313-2005-001108호)
주소	420-860 경기도 부천시 원미구 길주로 1 한국만화영상진흥원 만화비즈니스센터 412호
전화	032.323.8895
팩스	032.323.8894
홈페이지	www.gobook2.com
편집	윤효정·정지원
디자인	김유진·조은혜
마케팅	구본건
경영지원	박선옥
인쇄	전광인쇄정보(주)

ISBN 978-89-6607-132-6   13980

이 책에 실린 글과 그림은 저작권자와 맺은 계약에 따라 일부
또는 전부를 무단으로 싣거나 복제할 수 없습니다.

제주 날라리 배낭자

제주 게스트하우스 여행만화

글·그림 **배낭자**

거북이북스

작가 이야기

처음 가는 제주도, 처음 타는 스쿠터, 처음 연재하는 만화!

모든 것이 처음인 제주살이를 하며 만화를 그린 지 1년이 넘었습니다. 다행히 처음 하는 웹툰 연재를 무사히 마쳤고 이제 첫 책, 〈제주 날라리 배낭자〉를 내게 되었어요.

스쿠터를 타고 게스트하우스를 여행하는 콘셉트의 만화라 베스파를 처음 타게 되었을 때, 너무 무서웠어요. 길도 자주 헤맸고요. 게스트하우스에서 처음 만나는 사람에게 어떻게 인사해야 할지 몰라 당황스러웠고요. 하지만 곧 깨달았어요. 스쿠터는 그냥 타면 되고, 모르는 길은 내비게이션을 이용하면 되고, 처음 만나는 사람과는 인사만 잘하면 된다는 것을! 지금은 이 모든 것이 익숙해졌답니다.

늦은 여름밤, 가로등도 없는 제주의 어두운 시골길을 걸어갈 때, 밤하늘에 무수히 떨어지던 별똥별을 보며 감탄했던 기억이 생생합니다. 룸메들과 근처 게스트하우스에 놀러 가던 길이었는데 정말 운이 좋은 날이었죠. 제주 밤하늘에 별이 항상 가득하지는 않으니까요.
바람이 심한 제주의 겨울은 정말 추웠지만 조금씩 따뜻해지면서 제주의 넓은 들판이 노랑에서 연두로 바뀌는 풍경은 경이로웠죠.

그렇게 봄이 오고 꽃이 피면 해안도로에는 자전거나 스쿠터 여행자가 늘어나기 시작합니다. 어딜 가나 오름이 있고, 마음만 먹으면 한라산에 오를 수 있는 제주. 요즘엔 육지와 다를 게 없을 정도로 빠르게 변하고 있지만 그래도 아직까진 참 살기 좋은 곳이에요.

여행이 끝난 지금, "뭐가 제일 좋았니?"라는 질문을 가장 많이 받습니다. 제게 있어 가장 좋고 기억에 남는 건… 여행하며 만난 '사람'입니다.
제주는 멋진 자연 풍광의 관광지와 특이하고 재밌는 테마파크들이 많고 즐길 곳도 많지만 여행자들의 집, 게스트하우스 경험을 한 번쯤 해보길 권해요. 처음 보는 사람들과 공동생활을 해야 하는 불편함은 잠시일 뿐 다양한 사람들의 삶의 방식을 알 수 있게 돼요. 나와 다른 사람들을 만나 특별한 추억을 쌓게 돼요.

이 만화 〈제주 날라리 배낭자〉를 보시고 '아, 나도 제주에 가고 싶다!'고 생각한다면 만화 그린 보람이 클 것 같습니다. 앞으로 제주를 여행하시는 분들도 저처럼 좋은 인연을 만나는 행복한 여행을 하길 빕니다.

— 만화가 배낭자

차례

처음 이야기   009

1. 떠나자!

백수 탈출!   016

스쿠터   026

쫄깃쎈타   034

신인 만화가의 비애   046

따듯한 밥, 밥 게스트하우스   058

비와 달팽이   070

곱을락과 달파란 그리고 몸빼(?)   082

뿌리에서 뿌리를 내려?   096

2. 살아보자!

우리 같이 살래?   114

축제의 밤, 탐라문화제   130

이응 그리고 제주 판타지   146

정물오름에서 선자살롱을 추억하다   158

올레길에서 놀멍, 쉬멍, 걸으멍   170

혼자가 아니야! 타시텔레   185

음악이 퐁퐁! 방님봉봉고고   201

제주에 살다, 고산에 살다   214

잉여의 낭만, 하마다 게스트하우스   229

배낭 멘 배낭자, 한라산으로!	241
리본 게스트하우스는 블랙홀?	258
더 게스트하우스에서 신분 세탁?	271
다 같이 돌자, 고산 한 바퀴	287
엉클보로에는 여자들만이…!	303
곶자왈 환상숲	317
오설록과 춘심이네	331
레몬트리 게스트하우스	347
두부와 함께 게으른 소나기	364
그럼에도 불구하고 게스트하우스	378

3. 안녕, 제주!

우리들의 새집은 어디에…	396
바다 별, 물고기 별 아쿠아플라넷	410
오! 소록소록! 오소록 게스트하우스	426
제주에서 아프리카를?	442
잠도둑에서 얻은 낮자 생각	455
이타미 준과 안도 타다오	469
박물관은 살아있다 세 여자도 살아있다	482
안녕~! 아, 안녕?	497
끝 이야기	510

처음 이야기

아오~, 세월 참 빠르다.

무뚝뚝해 보여도
친절한 제주 사람들.

게스트하우스는 완전 내 취향이더군!

아름다운 자연은 불편함으로 바뀌고

어쩌다 이렇게 된 거지?

난 분명 스쿠터를 타고 제주 여행을 즐기는

제주 날라리 배낭자 ①

떠나자!

백수 탈출!
01

그것은
한 통의 전화로 시작되었다.

작가님, 요즘 뭐 하세요?

좋은 기획이 있는데 같이 하실래요?

드디어 백수 탈출?

같은 건 없었다.

제주 여행만화 열심히 해보자!

스쿠터
02

드디어 제주로 간다!
나 배낭자는 제주 여행 자체가 처음.

스쿠터나 체재비는 걱정 마시고 만화나 열심히 그리세요!
— 편집장님

크크크, 생각만 해도 즐겁군.

스쿠터 빌리러 가는 길.
이국적인 제주 풍경.
야자수도 신기하고.

다행히 제주 공항 근처에는 스쿠터 렌탈집이 많다.

내가 빌리기로 한 건 초보자용 줌머!

하루 대여비는 2 ~ 3만 원. 대여점마다 차이가 있다.

휘발유는 처음 표시만큼 채워오시면 되고요.

스크래치나 파손 생기면 수리비를 내셔야 해요.

스쿠터에 비싼 휘발유라니….
경유를 넣으면 연료순환계 계통이 망가진다나?

뭐 어때?

분명 로맨스가 가득한 여행이 될 거야.

질주하는 차들도
미치겠는데
나한테 달려드는
각종 벌레들.

그리고 진짜로
제주 돌멩이가
마구 날아다님.

제주의 바람은
또 얼마나 대단한지.

그야말로 상상초월이다.

나, 살아있는 거니?

지금 생각하면 오버가 심했지만

그 당시엔 진심이었다.

이렇게 혼미한 정신 상태로
첫 숙박을 할 게스트하우스로 고고!

쫄깃쎈타
03

게스트하우스는…

거실   침실   샤워실   화장실

…을 '공동' 사용한다는 거.
심지어 냉장고의 음식까지
네 거, 내 거 없음.
다 우리 거!

✗ 오픈키친이 아닌 게스트하우스도 종종 있다.

내가 제일 먼저 간 곳은
바로바로 협재의 쫄깃쎈타!

만화가 메가쇼킹 님과
쫄깃 패밀리들이 함께 운영하는
바로 그곳!

메가쇼킹 작가님이 지은
책으로 미리 열공!

즐겁게 같이 식사 준비를 하고 신나는 물놀이도 해야지!

어느새 방구석 쭈구리 신세.
눈물 나는 날에는…

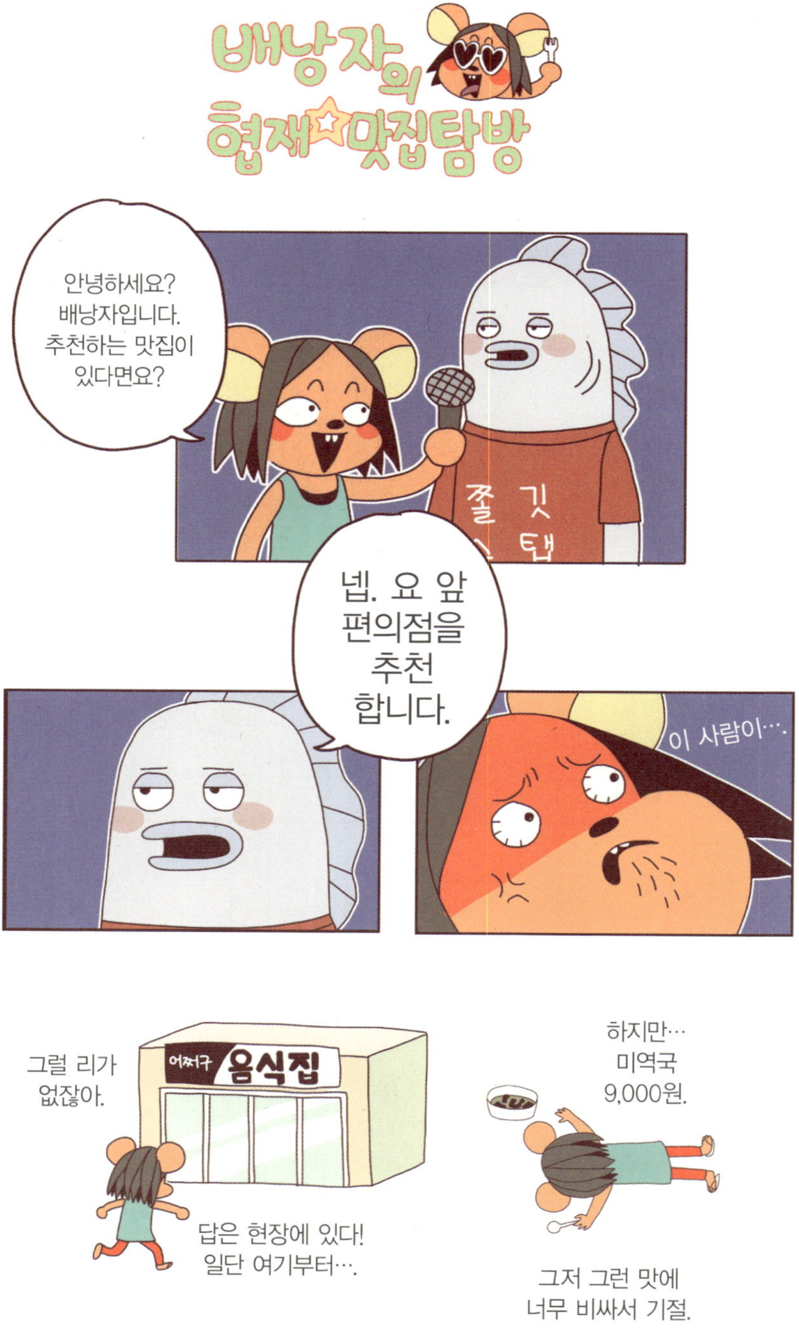

밤이 사람들의 마음을 열어주는 걸까?

놀러 나갔던 게스트들이 돌아오고 책만 보던 사람들이 따뜻한 불빛 아래로 모여들자 분위기가 급 훈훈해진다.

의외로 점잖고 시크하신 메가쇼킹 작가님.

처음의 오해도 풀렸다.

그래, 보자마자 어떻게 바로
친해질 수가 있겠어?

혼자라고 겁먹지 말자.
게스트하우스에 들어선 순간 이미 혼자가 아니야.

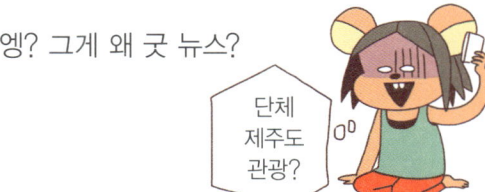

신인 만화가의 비애
04

원고는 잠시 잊자.
덕분에 동쪽 끝 섬 우도에 가보게 됐으니까.

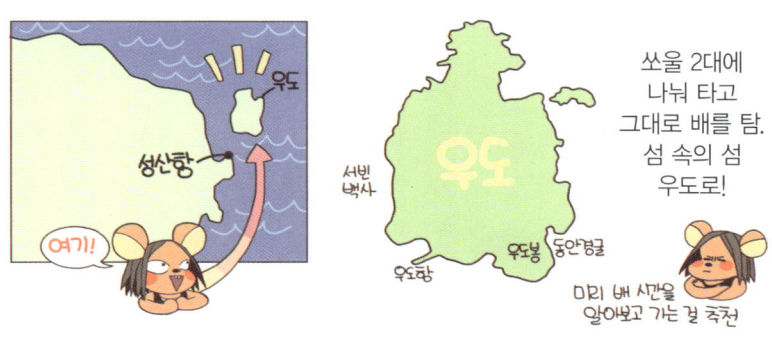

서빈백사 해변에서 흔하게 발견하는 산호.
작은 행성 같기도….

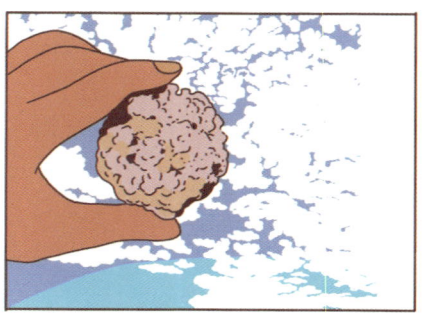

파란 물빛에 홀려 강 죽을 뻔.

다 함께 하는 여행이라
시간을 자유롭게 쓰지 못해 좀 아쉽지만,

우도는 참 사랑스러운 섬이다.
우도봉 정상 등대에 오르는 길은 또 얼마나 아름다운지!
저절로 힐링이 되는 기분!

스펙터클한 ATV 우도 일주도 완전 신나!

최고의 보양식, 보말 칼국수도 굿!
제주에서는 고둥을 보말이라고 부른다나?
완전 맛있다. '우도 자연식당' 보말 칼국수 강추!

이랬지만 사실은 완전 좋았다.
끊임없이 먹고

혼자서는 못 갈
중문관광단지도 함께 구경.

이동 중 졸다 깨서 보는 풍경은
아름다운 그림엽서.

지천에 널린 말 목장. 한없이 평화롭도다.
제주도는 어딜 가도 예뻐! 예뻐!

살고 싶다, 제주!
언젠간 살고 말 거야!

그리고… 게스트하우스만 돌아다녔는데
처음으로 펜션에서 묵다.

아…. 최면에 걸리는 거 같아.

따듯한 밥, 밥 게스트하우스
05

그러다 정보 입수!
그녀가 있다는
게스트하우스로 달려갔는데.

만남을 실패한 난
머물고 싶었던 밥 게스트하우스로!

밥 게스트하우스는
보헤미안 스타일의 이국적인 낭만과 자유가 물씬 풍긴다.

왠지 추억의 고향 느낌이….

하지만 사실 난 이런 추억이 없다.

할머니 부모님 나 모두 도시 출신!!

시골집에 대한 추억은 없지만,
있다면 아마 이런 기분이겠지.

구석구석 정성껏 돌보는 주인장의 손길도 느껴지고.

술판이 벌어지는 식당이
따로 떨어져 있어서 좋아!

다 쓰러져가는 폐가를 사서
이렇게 멋지게 변신시켰다니
정말 대단해.

게스탭 = 게스트 + 스태프

이게 바로 밥 게스트하우스의 명물
★ 고잉 다라이호 ★

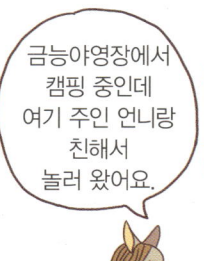
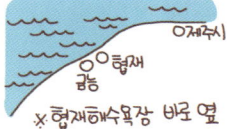

여기서 잠깐!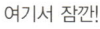

금능야영장은…

금능으뜸원 해변에 있는 무료 야영장
(샤워장 이용료만 2,000원 내외)이다.
취사장과 샤워장은 여름에만 개장.

바로 친해져서 금능야영장으로 고고.
외로울 틈 없이 사람 속에 있었다.

밥은 마지막까지 따뜻함이 느껴졌던 곳.

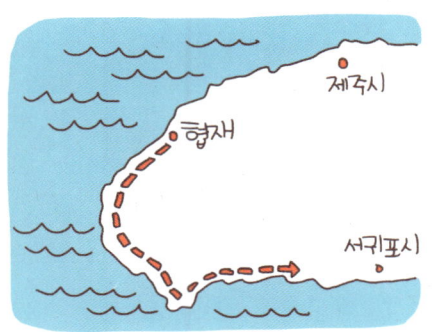

협재에서 서귀포로 가는 길….

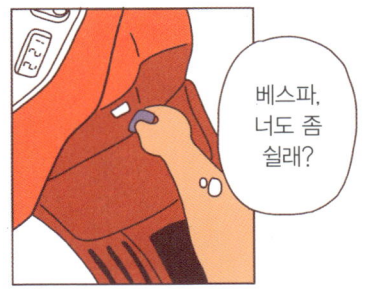

따듯한 밥, 밥 게스트하우스

나도 몇 시간 전까지는
밥 게하 사람들과 함께였는데….

비와 달팽이
06

두근두근한 여행 계획!

여행 전 모두가 같은 생각을 하겠지?

날씨가 맑았으면 좋겠다고!

하늘은 완벽했고,

내 준비도 완벽!

나는야 날라리!

게다가 실드에
빗방울이 묻어서

앞이
안 보여!

우여곡절 끝에
겨우 도착.

달팽이
맞죠?

어머~,
완전
푹 젖었네.

어서
들어와
쉬어요.

달팽이 게스트하우스는
온 지 몇 시간밖에 안 되었는데도

편안함이 느껴진다.

동시에 외국에 있는 듯한 기분도!

가족끼리는 제주도 사투리 작렬!

여기서 잠깐!

비자림은…

500년에서 800년 된 비자나무 2800여 그루가
하늘을 가리고 있는 아주 독특한 산림욕장.
세계 최대 규모의 단일 수종의 숲.
제주시 구좌읍에 있음.

달팽이 게스트하우스가 있는 서호마을은

마을에 가득한 수국과

세월의 이끼가 덮힌 돌담길이 정말 정겨워.

우쭈쭈~.

비 오는 마을이 제법 예쁘다.

곱을락과 달파란 그리고 몸뻬(?)

07

한여름 제주도 햇살은 미쳤다.
더위도 어쩔 수 없이 긴팔, 긴바지로 무장.

게스트하우스를 여행하다 보면
여기저기 추천받곤 하는데

동화 속 그림처럼 예뻤던 달팽이.

달팽이 주인장의 소개로 가게 된
서귀포시 서호동의 곱을락 게스트하우스.

시골집을 그대로 살린 정겨운 외관과
아늑하고 편한 분위기가 특징.

거기에
의욕 넘치는 주인장!

여기서 잠깐!
곱을락은…
제주말로
'숨바꼭질'이라는 뜻.

몸뻬 입고 달리고 달려서
서귀포시 남원읍 달파란 게스트하우스에 도착!

달파란은 꽤나 모던한걸?

몸뻬가 안 어울리면 어쩌지?

핸드드립 커피가 환상이라는데….
기대 기대!

안녕하세요?
누구 안 계세요?

조용.

⋮

혼자서 1층, 2층, 3층을 헤매다

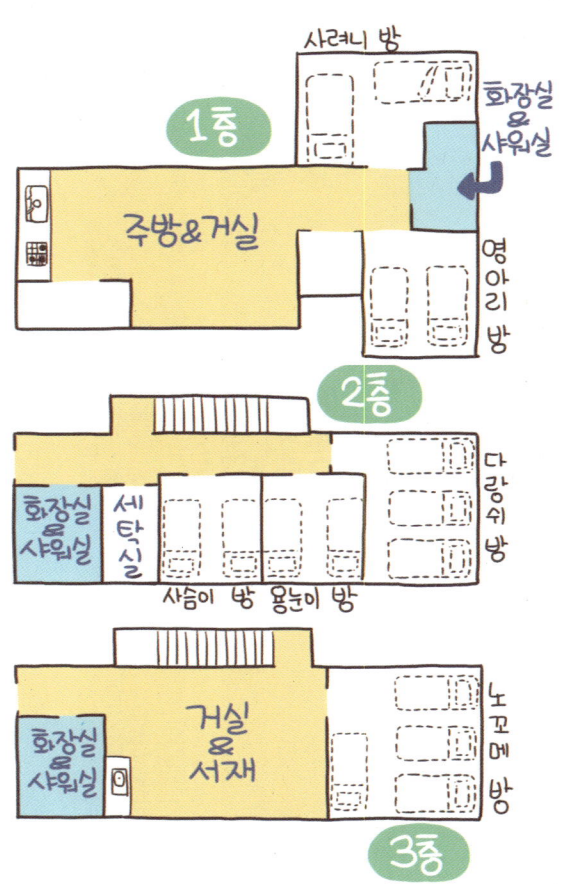

달파란에 모인 게스트들의 화제 중심은 자연스럽게 몸뻬로.

몸뻬가 여행자 패션 중 하나로 자리 잡는 중.

빨래하기도 쉽고,

금방 마르기도 해서

나의 제주 여행 필수 아이템이 되었다.

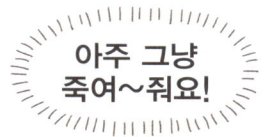

동쪽으로 동쪽으로 가다
다시 서쪽으로 방향을 잡은 나.

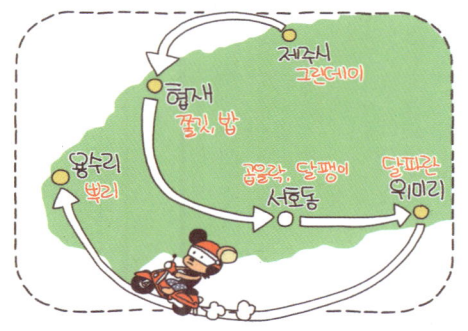

제주 서쪽 끝
뿌리 게스트하우스에 도착!

드디어 그 사람을 만나다.

뿌리에서 뿌리를 내려?

08

모든 게스트하우스가 다 좋은 건 아니지.

청결이 불량한 게스트하우스.

떠날 때까지 싸늘한 냉기가 흐르는 게스트하우스.

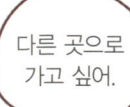

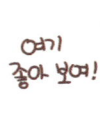

이런저런 데를 거치며 도착했던 곳이
용수리의 뿌리 게스트하우스.

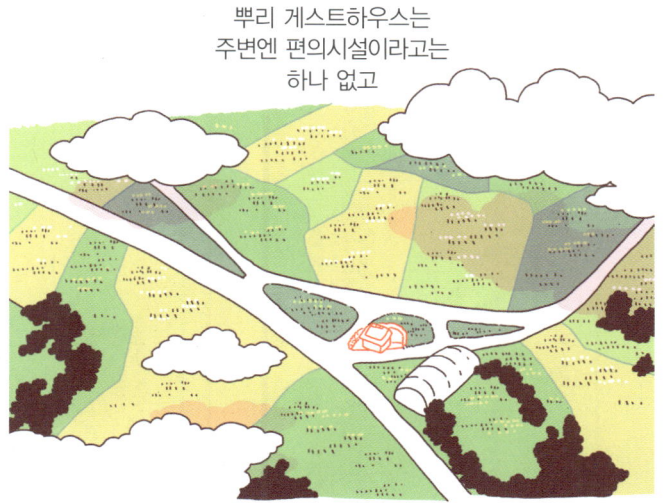

상당히 불편한 위치인데도
장기 숙박객이 많단 말씀이야….

모슬포장에서 다 같이 몸뻬 업데이트!

말로만 듣던 햄이라는 그녀는 제주만화를 그리려고 제주도까지 날아옴.

주말엔 이중섭거리에서 캐리커처를 하며 돈을 벌고

평일엔 포털 연재를 위해 작업하는 만화가.

:
:

별별 상상을 다 하는 동안

문제의 만화가 도착!

만화가 배낭자 만화가 햄

제주
날라리
배낭자
②

살아보자!

우리 같이 살래?
09

우리가 만나자마자 제일 먼저 나눈 대화는

햄의 만화

배낭자의 만화

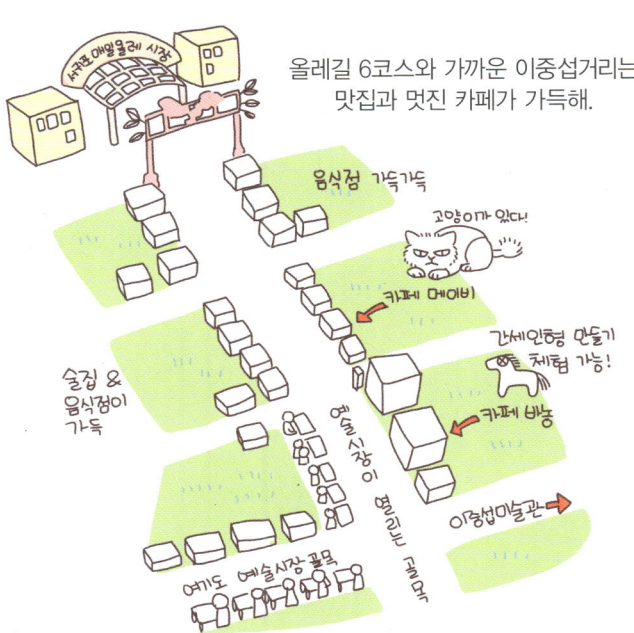

올레길 6코스와 가까운 이중섭거리는 맛집과 멋진 카페가 가득해.

이중섭 미술관은 제주에서 작품 활동을 했던
비운의 천재 화가 이중섭의 예술혼을 느낄 수 있는 곳.

미술관 옆에는 이중섭이 가족들과 지냈던 생가도 있고,

6·25때 가족과
피난을 왔던 곳.
11개월 뒤 부인과
아이는 일본으로
돌아가고…
혼자 남게 된다.

※ 사람이 살고 있는 곳이니
조용히~ 조용히~.

전시장 안에는 일본에 있던 가족에게 보낸 그림편지가 가득해.
헤어진 가족들을 얼마나 그리워했는지 알 수 있다.

※ 이중섭의 그림은 별로 없다.
전시 작품의 대부분은 제주에서 활동하는
현대작가들의 작품(이것도 멋지다!)

바로 이곳에서 매주 토, 일요일이면 열리는 예술시장!
(프리마켓이라고 부르기도)

쓰던 물건을 판매하는 벼룩장터부터,
자신이 만든 물건들이나,

자신이 만든 창작품이라면,
무엇이든 판매가 가능하다.

그래서 햄과 사리가 살고 있는
한경면 고산리 집에 가보기로 했다.

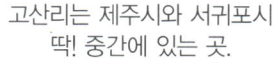

고산리는 제주시와 서귀포시
딱! 중간에 있는 곳.

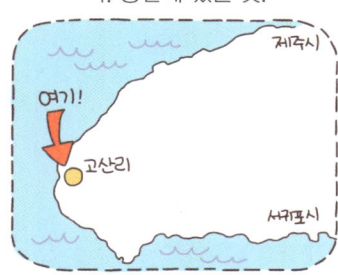

지은 지 80년 된 무지 낡은 단독 주택이지만

베스파를 타고 조금만 나가면…

눈이 부시게 푸르른 날 집 거실 창문으로는…

제주 유명 관광지 무료 or 할인과 비행기 티켓 할인.

게스트하우스를 많이 다녀서
외부 화장실에 익숙하긴 하지만….

아, 어쩐지
연세가 너무 싸더라니….

축제의 밤, 탐라문화제

10

가을이 왔다!

배낭자에게 베이스캠프란?

마음껏 게을러질 수 있는 곳!

꽤 크게 열린대여.

이번에 제주시에서 탐라문화제를 한대여.

나가기 귀찮아.

굼 나가라.

그리고 좀 씻어라.

따르르릉~

전화가…

옆 동네친구 모란

헤이!

소식 들었어? 돌문화공원에서 양방언이 공연한대!

뭐?! 양방언?!

안 닮았다ㅠㅠ

여기서 잠깐!

양방언

재일 한국인 2세로 부모님이 제주 출신. 세계적인 뉴에이지 음악작곡가. 1999년에 한국 국적을 취득하셨다고.

심지어 무료야!

까아!

축제의 밤, 탐라문화제

바로 여행 계획을!

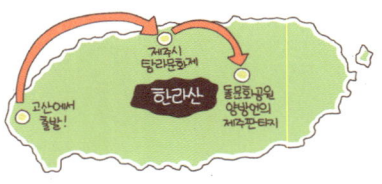

고산 베이스캠프를 잠시 떠나
제주시의 게스트하우스에서 머물면서

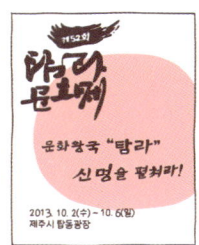

동행자 사리

탑동광장에서 펼쳐지는 탐라문화제와

동행자 오란

돌문화공원의 제주 판타지를 즐기는 것.

제주에서 펼쳐지는 축제를 즐기며

"제주의 애정도를 증가시켜보자!"가 목표.

는 무슨….
양방언 보는 게 목표잖여.
시끄러.

급조된 여행이지만 제주시로 Go!

근데 낭자 언니.
우리 어디서 자여?

#

이분들은 또 뭐여? ㅋㅋㅋ

했는데…

죄송합니다! × 100

개쩔음

마지막 성대한 불꽃놀이도 환상!

그냥 하루만 신세지기로 결정.

내일 목적지인 돌문화공원을 위해
사리와 나는 꿀잠 속으로…!

이응 그리고 제주 판타지
11

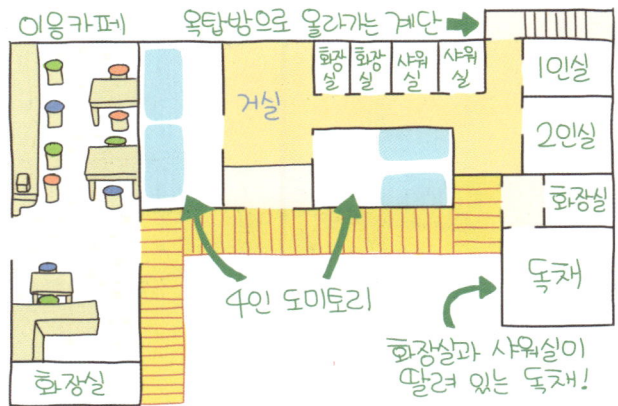

콘셉트대로 도미토리에서 아무 짓도 안 하고
뒹굴뒹굴거리다….

무료 편지 서비스를 이용해
엄마에게 엽서를 띄움.

연박을 하더라도 10시부터 4시 30분까지는
나가 있어야 하는 게 좀 그래!

아름다운 절벽이라는 대평리 박수기정?

태고의 신비.

이끼 가득한 숲길.

공포에 후덜덜 떨었던 그 기억이 아직도 생생!

돌문화공원의 입장료는 5천 원.
도민 할인 無.

하지만, 넓은 규모를 생각하면
무지 싼 가격!

그래도 나름대로의 매력이….

같은 곳인데 계절과 날씨에 따라 이렇게 다르다니….

지각생 도착.

자문오름을 배경으로 드디어 시작하는 양방언의 제주 판타지!

유명한 곡의 연주도 많았지만
최고로 좋았고, 기억에 남았던 건

바로 이번 공연을 위해 만들었다는

하룻밤을 신세질 수 있는
언니도 알게 되고

돌아갈 집과 함께 사는
친구들도 생기다니!

정물오름에서 선자살롱을 추억하다

12

여기서 잠깐!
'오름'이란?
제주 화산 폭발의 영향으로 생긴 아기 산봉우리.

제주는 오름의 왕국!
무려 368개의 오름이 있다고 하는데,

유명한 오름들은 대부분 동쪽에 있지만
우리가 가기로 한 정물오름은 서쪽에 있다!

※ 읍면 순환버스가 다니긴 하지만
우리는 읍면 순환버스를 대중교통으로 생각하지 않는다.
(1시간에 1대 오면 감사한 버스)

하늘도 맑고

바람은 시원하고

달리기 완벽한 날씨!

이런 고난의 연속이었지만,

여행의 마법!
길을 잃더라도 결국 어떻게든
목적지에 도착한다!

하늘에 떠 있는 거 같아.

집 근처에 이런 곳이 있는 줄은 몰랐네여.

제주는 이런 게 좋아여. 구석구석 얼마나 볼 곳이 많은지.

!

어? 이 대사.

좀 더 열심히 돌아다녀 봐.

제주 구석구석

얼마나 볼 곳이 많은데.

몇 달 전,
선자살롱 게스트하우스에서 머물 때

선자 언니한테 들은 거였어!

아무튼, 선자살롱은

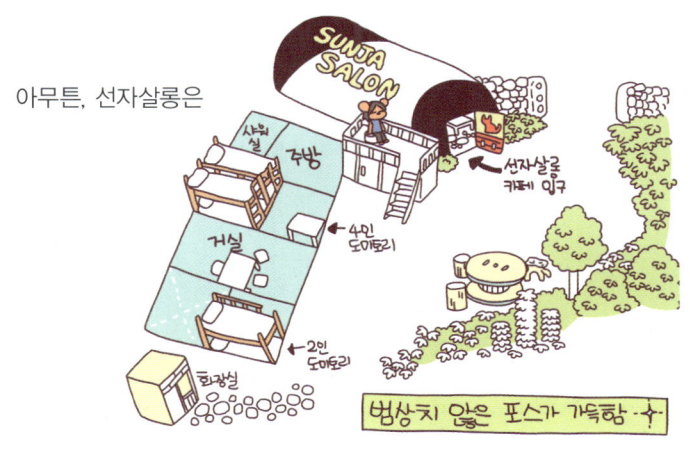

동양화를 전공한 선자 언니. 살롱 곳곳에 동거묘 '또라'를 모델로 한 고양이 그림이 가득하다.

시설이 좋다고 말할 순 없지만…

선자살롱은 특유의 한적함과 자유로움 그리고 예술적 향취가 가득한 곳이다.

계절이 지나가고 있다.
대평리 근처로 여행을 가면

선자살롱의 따뜻한 난로 옆에서 쉬었다 가야지.

그곳의 따뜻한 커피와 분위기가 그리워….

한없이 편안한 곳이었지.

올레길에서
13 놀멍, 쉬멍, 걸으멍

드디어 서쪽에서 벗어나
제주의 동쪽으로 가는 여행!

나 때문에
모란에겐 트라우마가 생겼다.

흑…!

출발한 지 몇 분 만에 동쪽 여행 실패.

매년 구간을 정해서 하루에 한 코스씩
3일간 다 함께 걷는 축제.

제주의 올레길은 모두 21코스다.

여기서 잠깐!
올레란?
집으로
들어가는 길을 뜻하는
제주 사투리!

올해는 14,
15, 16 코스여서
우리 집 근처야!

이벤트도
많이 한대.

오~,
괜찮다.

다 같이 사이좋게 버스로
15코스의 시작점인 한림항으로 이동!

먼저, 방향을 가리키는 표식을 알아야 한다는 거.

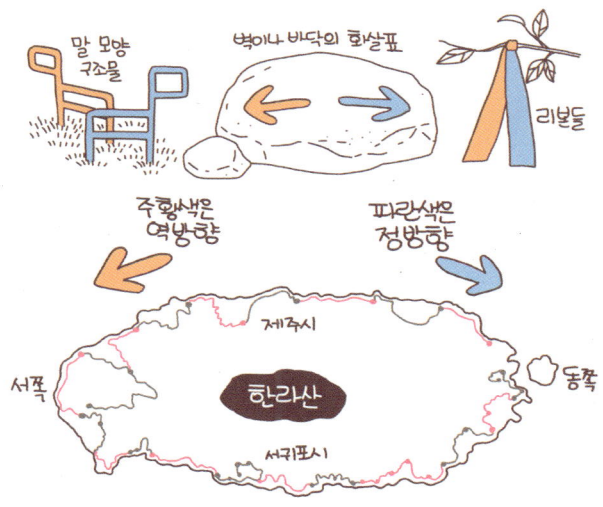

셋이서 함께 걷다보니 어느새 끝.

혼자가 아니야! 타시텔레

14

고산에서 동쪽으로 가는 길.
일주도로(1132)나 중산간도로(1136)로 가면
빠르게 갈 수 있지만

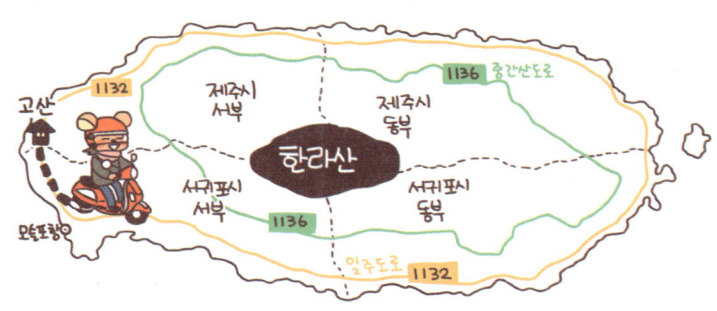

난 일부러 모슬포로 들어가
해안도로로 빠지기로!

처음엔 지루한 밭길만 계속이지만

오르막길 끝에 다다르면

서쪽 최고의 쩌는 풍경이 눈앞에 펼쳐진다.

장관이다…!

해안도로로 돌길 잘 했어.

드디어 동쪽으로 가는 여행.
2박 3일 동안 제주 한 바퀴를 도는 것이 목표.

첫날은 표선면 가시리의 '타시텔레 게스트하우스'

둘째 날은 구좌읍 하도리의
'방님봉봉고고 게스트하우스'로 미리 찜!

그나저나

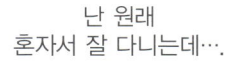

따스함이 가슴속에
깊이 남겨진 곳이었어.

고기 먹은 힘으로 나무와 숲, 귤밭이 이어진
중산간도로를 달리고 달려

드디어 도착한 타시텔레 게스트하우스!

티베트 풍의 소품이 가득한 이국적인 분위기.

여기서 잠깐!
타시텔레란?
티베트 사람들이
친구들과 반갑게
웃으며 주고받는 인삿말.

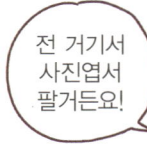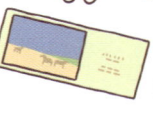

음악이 퐁퐁! 방님봉봉고고

15

고작 2박 3일 여행인데

왜 이렇게 짐이 많은 거냐?

배낭여행에서 가방의 무게는 전생의 업보라는데

난 나라를 팔아먹었나?

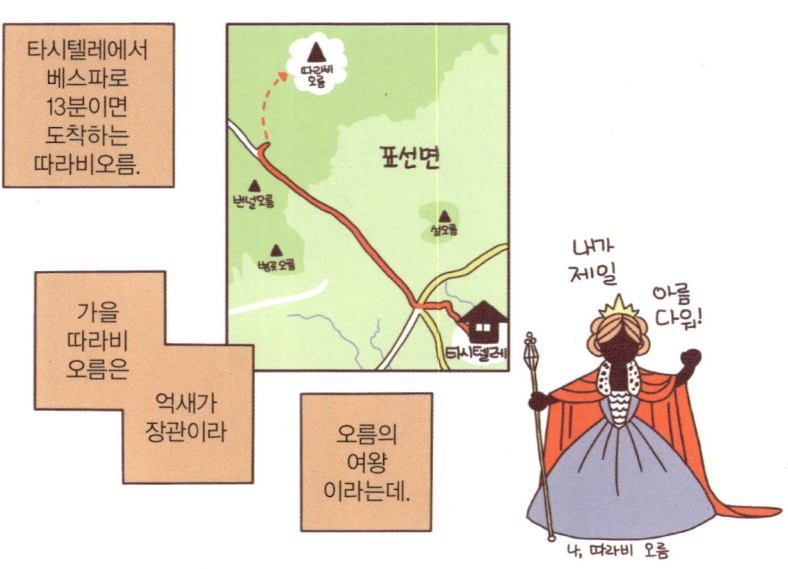

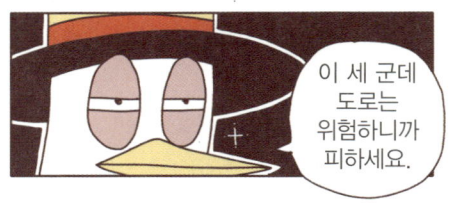

본격적인 해안도로 드라이빙 시작!

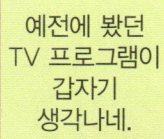

사막의 도로에서 가끔 누군가를 만나기도 하지만

길고 긴 도로를 혼자 달리고 또 달린다.

"남자라면 가끔 이런 고독의 시간을 꿈꾸지 않나요?"

이 여자도 그렇습니다.

그 주인공처럼 혼자 달리고 달려

하도리의 빨간 지붕
방님봉봉고고 게스트하우스에 도착!

하지만 안은 밖에서 보는 것보다 넓다!

참, 방님봉봉고고의 뜻은

휴게실에 이미 사람들이 모여 있었는데

게스트 포함 다양한 사람들이!

우리 동네 주민. 공연 보러 왔어요.

다른 곳에서 묵고 있는데 공연한다 해서 왔죠~.

나만 게스트.

공연?

제주에서는 밤에 할 게 별로 없어요.

길은 어둡지,

가게는 일찍 닫지.

아… 이건…!

가… 감성이라는 게

폭발한다!

너무 알려고 하지 말자.

밤새도록 우리들의 이야기가 이어진다.

제주에 살다, 고산에 살다

16

2박 3일의 동쪽 여행을 끝내고 드디어 도착한 그리운 집.

헉! 배낭자, 너!

드디어 샀네여!

기모 몸뻬!

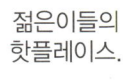

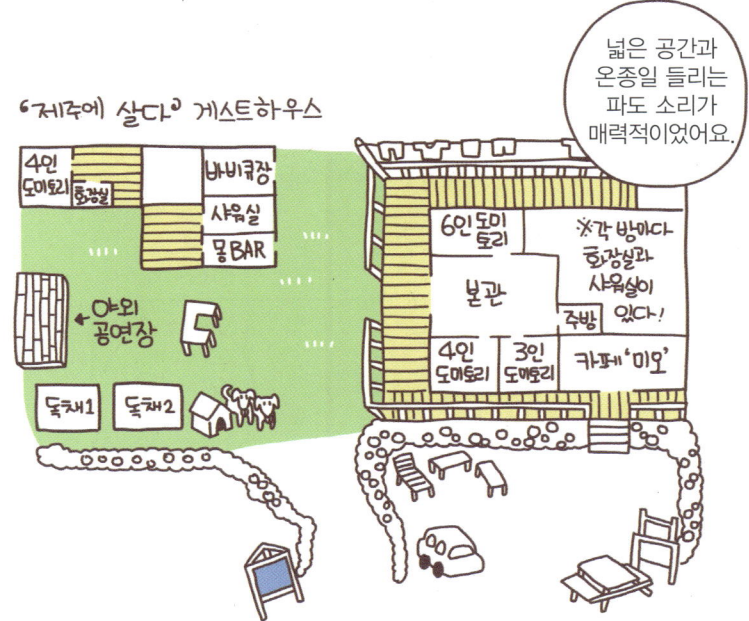

나 홀로 마친 동쪽 여행.
얻고 돌아온 건 나도 몰랐던 내 안의 고산부심.

잉여의 낭만, 하마다 게스트하우스

17

아침이 되면
사리가 제일 먼저 일어난다.

배낭자 2등!

햄 꼴등!

영화 '안경'의 하마다와는 다른 외관이지만,

한적한 분위기와 운치가 있어….

시원한 파도 소리를 들으며 사색…

문을 열면
푸른 잔디가
있고

그 뒤로는
조용한
시골 마을이
펼쳐지고

밤에 만화 그리다 힘들면 별을 보면서 쉬고

이렇게 조용한
시골 마을에서
살 수 있다면

낭만적인
삶일 거야.

그때는
그렇게

생각
했는데…

배낥 멘 배낭자, 한라산으로!

18

한라산은 높이 1,950m로
우리나라에서 최고로 높은 산.

한라산에는
모두 7개의 탐방로가 있다.

백록담까지
갈 수 있는 탐방로는
관음사와 성판악 코스.

백록담까지는 못 가지만
백록담을 가까이서 볼 수 있는
영실, 어리목, 돈내코 코스.

그리고
어승생오름에 갈 수 있는
어승생악 탐방로와
석굴암에 갈 수 있는
석굴암 탐방로가 있음!

여기서 잠깐!

한라산은

입산, 하산 시간이 정해져 있어요. 보통 12시 이후에는 입산이 안 됨.
그리고 하산 시간도 계절별, 코스별로 정해져 있으니 미리 확인, 또 확인!

그렇다. 둘은 커플이다.

등반을 시작할
영실 매표소로 가는 버스 노선!

740번 버스,
워낙 뜸하니
시간표 미리 알아보기!

특히 동절기에는
운행을 하지 않는 경우도 많으니
시간표를 보고
맞춰가는 것을 추천!

※ 겨울철
한라산 등반에는
아이젠이 필수!
각 코스 입구마다
판매한다.

정말 완벽하다고 생각했다.

정말로?

사리의 말대로 지옥 같은 오르막길이 끝나니

평원 지대가 펼쳐지고
환상적인 눈꽃 풍경이 따악!

나뭇가지 위 가득 핀 눈꽃들…!

눈꽃 풍경이 끝나면
더 넓은 평원이 우릴 기다린다.

눈에 파묻힌 아름다운 세계.

한라산을 다녀온 사람들이
항상 하는 말이 있었는데

드디어 먹게된 라면!

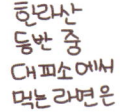

한라산 꼭대기의
경이롭기까지 한 광활한 설원.

초반 오르막은
심한 고행이었지만

고비를 넘긴 후
바라보는 한라산의 설경은
모든 시름을 잊게 해준다.

등산 이라고 다 똑같은 건 아닐 거야.

눈 내린 한라산은 정말 특별해!

같이 안 왔으면 어쩔 뻔했어.

과연 가능할 것인가…?

리본 게스트하우스는 블랙홀?

19

리본 게스트하우스!

바로 요기! 97도로!

우거진 숲 속 도로를 지나야 하는
무지막지하게 외진 곳.

〈실제로는 넓~은 도로〉

나의 첫 블랙홀 게스트하우스는 곱을락이었지.

하루만 있으려다
이틀을 보내고, 사흘을 지내고.

정말 즐거웠어.

다들 제주에서 또 만나게 되기를!

20 더 게스트하우스에서 신분 세탁?

제주에 와서 처음으로
서남쪽 사계리를 지나던 때.

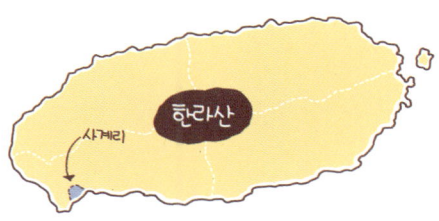

그것은 사계리의 명소
산방산이었다.

산방산에는 재미있는 전설도 있어.

한라산 봉우리가 뽑힌 자리는 백록담이 되었고.
실제로 산방산과 백록담의 둘레가 같다고 하니
정말 신기해.
그래서! 이번 여행은 사계리다!
사리가 알바하는 가게도 사계리에 있잖아!
우리 막내가 드디어 일을 구했는데….
언니들이 가봐야지!
베스파 타고 안덕면 사계리로 GO GO!
무서워!
추워!
아아악!
스쿠터 다신 안 타!
….

여럿이서 옹기종기 모여 떠들거나

친구와 함께 여행 계획을 짜기도 하고

거기 말고 여길 가자고!

난 별로….

※LP판으로 음악을 들을 수 있다!

혼자서 여유를 즐기기도 해.

한 공간에서 각자 여유롭게 보내는 자유로운 분위기.

더 게스트하우스에서
새롭게 만난 사계리 인연들.

그런데 이 인연은
사계리로 끝나지 않았다!

다 같이 돌자, 고산 한 바퀴

21

↑ 집주인 할머니

가벼운 마음으로 시작한
고산 한 바퀴 돌기는

용머리 해안 입장료는 2,000원

멀쩡한 가로등이 별로 없다 ㅇㅇ

제주의 겨울은
비와 바람이 넘 심해
맑은 날씨를
만나기 힘들다.

시원한 바람 맞으며 드라이브하고

추위 걱정 없이 여행하고

그리운 계절이여.

글구 밭에 있는 채소 맘대로 먹어도 된대.
정말?

그럼 내가 무를 뽑아 오겠어여!
근데 채소 뽑으러 가기 귀찮아.
나간 김에 깍두기 만들어 와!

살 찌는 소리가 들린다.

엉클보로에는 여자들만이…!

22

오랜만에 육지에서 친구를 만났다.

소개팅은 망했고,
썸타던 여자랑도 끝났어.
20대 끝나기 전에 제대로 된 연애 한번 하고 싶다!

혼자 제주도 여행 와서 게스트하우스에 묵는 거야!

…왜?

연애하면 제주도지!

게스트 하우스에는 혼자 오는 여자 여행자가 많아.

10명 중 8명 꼴!

거기서 만나 사귀는 경우가 엄청나게 많다고!

그럼, 너도 썸도 타고 그랬겠네?

부러워라.

게스트하우스에는
혼자 오는 여자 여행자가 많다.

그래서 생긴 여성 전용 게스트하우스!
그중 하나인 제주시 한경면 저지리의
엉클보로 게스트하우스!

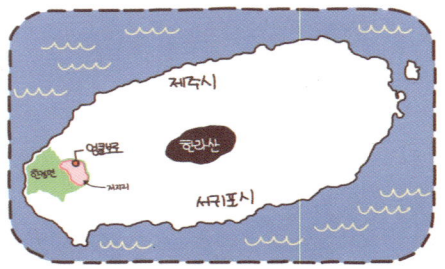

쉬고 싶은 몸을 끌고
엉클보로 근처의 저지리 문화예술인 마을로!

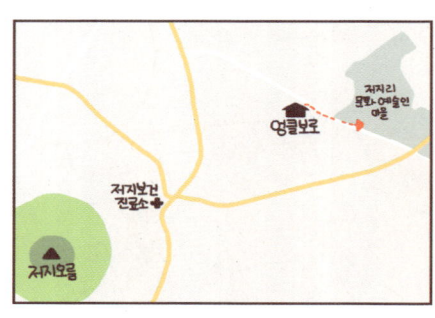

화가, 조각가, 공예가, 건축가, 음악가,
만화가, 사진가들이 모여 사는 예쁜 마을!

다양한 갤러리와 정원을 지나서…

야생화와 들꽃으로 안구 정화!

야생화 박물관 냉림원

그윽한 LP음악으로 귀 정화!

카페 소리

힘든 하루를 보내면 신경이 날카로워지지….

얘기를 계속 나누다 보니
안 좋았던 첫인상이 조금씩 바뀌었다.

심지어 친해짐.

엉클보로 카페에서 싱글 여자들의 수다.

남자들아! 여행을 와라! 게스트하우스로!

엉클보로는 안 되겠지만….

곶자왈 환상숲
23

저지리 엉클보로 게스트하우스에서
가까운 곶자왈 '환상숲'.

어른 하나요.

5천 원 입니다.

도민 할인 되죠?

도민이세요? 고산이면 여기서 가깝네요.

헤헤…

이사온 지 얼마 안 됐어요.

설명 들으면서 보는 건 몇 시부터예요?

9시부터 5시까지 1시간 간격으로 해요.

엥? 관리실이 그냥 가정집이네….

'곶자왈'은 제주의 천연 원시림으로 여름에는 시원, 겨울에는 따뜻하다.

세계에서 유일하게 열대 북방 한계 식물과 한대 남방 한계 식물이 공존하는 신비한 생태공원이다.

라고 리플릿에 써 있네? 그러니까 열대식물과 한대식물이 같이 있다는 거지…?

곶자왈은 소나무도 독특해요.

나뭇가지가 옆으로 크게 퍼지죠?

햇빛을 더 받으려는 거예요.

나무의 삶도 치열해요.

부엽토에서 힘겹게 새싹을 틔우고

바위 틈에서 겨우 줄기를 움트고

모습을 바꿔서라도 살기 위해 애쓰죠.

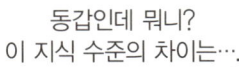

여행을 시작하면서 깜깜했던 지도가 밝게 빛난다.

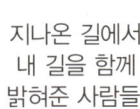

지나온 길에서 내 길을 함께 밝혀준 사람들.

"집에 가서 햄이랑 사리한테 새 친구 생겼다고 자랑해야지."

아직 미확인 지역이 많은 깜깜한 곳도 많지만….

이 지도가 다 밝아질 때까지 제주에 머물고 싶어!

오설록과 춘심이네
24

햄은 새로운 일로 바쁨.

오랜만에 사리와 맛 기행!

첫 번째 장소는 서귀포시 안덕면 서광리!

우리의 목표는 바로 바로 바로!

드디어…!

낭자와 사리의 맛 기행 첫 여행지는
오설록 티뮤지엄!

차 문화를 체험하는
국내 최대 규모의 차 전문 박물관!

서귀포에 오면 관광객들이
한 번쯤은 둘러보는 곳.

녹차밭과 박물관, 쇼핑몰에 맛있다고 소문난
카페까지 있어서 여행 중 잠시 쉴 수 있는 곳.

단, 항상 북적인다는 게 함정!

녹차 아이스크림이
상당히 유명하지만

우리는 양 많은
쉐이크를 선택!

명성답게 비주얼이
끝내주는구나!

'매화축제'를 즐기려고
노리매 테마파크로 향한 두 여자.

오설록에선 감상이 갈렸지만

노리매에선 감상 일치!!

그럼 이제 대정읍 송악산 근처로 출발!

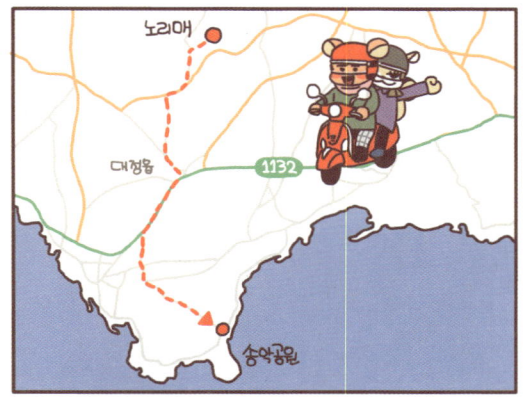

레몬트리 게스트하우스

25

오랜만의 온수 샤워!
정말 최고야!

제주에
살기 전엔

온수 샤워가
너무나
당연했는데.

서귀포시 대정읍 하모리
모슬포항 근처의 레몬트리 게스트하우스.

올레 10코스 종점이기도 하다.

항구 마을의 게스트하우스라서일까?
뭔가 느낌이 다르다.

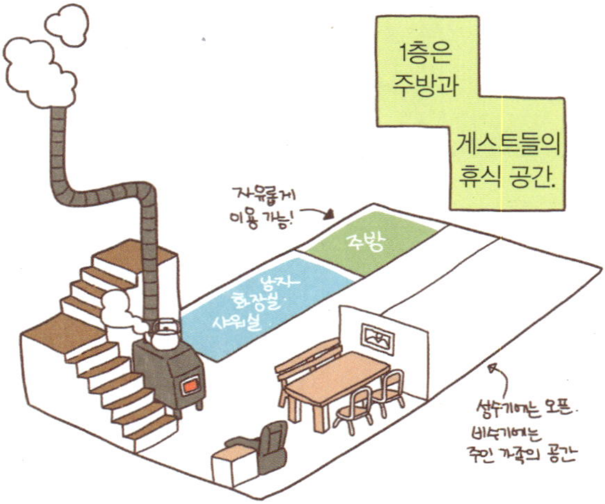

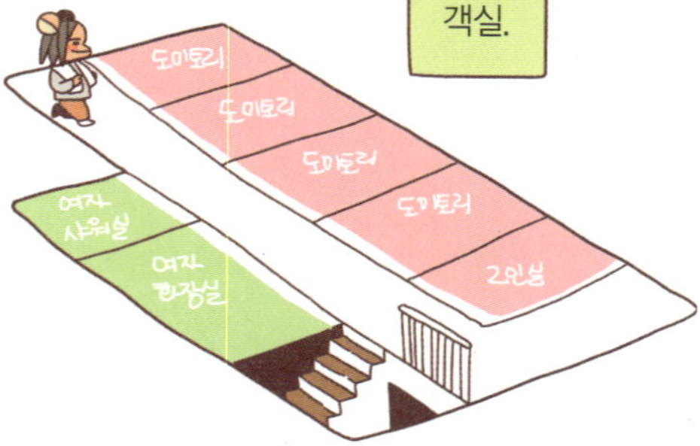

네덜란드 아저씨와 한국 아줌마 부부가
운영하는 레몬트리 게스트하우스.

내 집처럼 편안한 분위기!

푸짐한 조식으로

여행자들 사이에서 소문이 자자한 곳.

대한민국 최남단 마라도!
'최남단'이라는 이유만으로도 가고 싶은 그곳.

짜게 식었다.

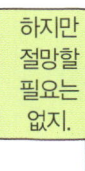

지금까진 송악산 주변에서 보는 산방산으로 만족해서
송악산에 올라가 볼 생각도 안 했네.

그 산이
그 산 아닌가?
송악산에서 본다고
뭐 그리 다를까?

레몬트리 게스트하우스와 가까운 송악산.
높이 104m로 산이라 부르기엔 낮은 곳인데

그래도
산은 산.

가파도는 물론이고
마라도까지 보이는 풍경.

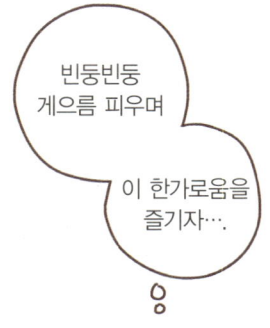

게으름 피우고
빈둥거리는 것도 좋지만

하지만 몸뻬집 삼춘이 알려준 곳은
진짜 돼지 꼬리를 파는 곳.

두부와 함께
게으른 소나기
26

오래된 내 친구
두부한테 연락이 왔다.

오랜 친구와 함께하는 이번 여행!

두부는 비행기 타고 오는 중이고 시간도 많이 있으니까

잠깐 짬을 내어 예전부터 가보고 싶었던 곳으로~!

바로
BL BIKE PARK!
비엘 바이크 파크!

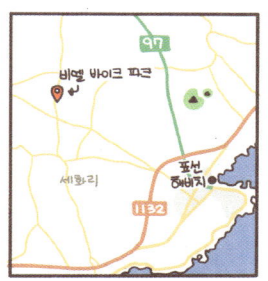

서귀포시 표선면 세화리에 위치한 곳.
'바이크'를 주제로 한

교육 & 체험

휴식&먹거리

스타일

이 다섯 가지 콘셉트를 조화시킨
'스타일테이너' 파크라네!

설명서의 의인화

두부는 고등학교 때 친해진 친구인데,

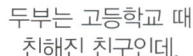

우리 둘 다 덕후이기 때문이지.

자연스럽게 대화가 이어진다.

두부와 한국에서 보내는 마지막 날.

우린 같은 덕후니까!

그럼에도 불구하고 게스트하우스

27

한 달 뒤에는 따뜻해질 거라고 집주인 할머니가 말씀하셨는데….

그로부터 꼭 한 달이 지났다. 그런데….

엄청 춥잖아!

정말 정말 유명하지만 잘 안 가게 되는 곳.

바로 서귀포시 성산읍 일출로의 성산일출봉!

직경이 600미터에 이르는
사발 모양의 분화구다.

2007년 유네스코 세계자연유산,
2011년 세계 7대 자연 경관으로 선정!

그럼에도 불구하고 게스트하우스는
제주 옛집의 긴 네모꼴 형태를
잘 살린 구조다.

그럼에도 불구하고,
그 귀찮은 규정 하나 없는
그럼에도 불구하고 게하!

다음 날 고산 집으로 돌아가다
살짝 들른 쇠소깍.

쇠소깍은 민물과 바닷물이 만나는 깊고 아름다운 커다란 웅덩이다.

소가 누워 있는 형태라 하여 이렇게 이름 붙여졌다.

소는 소
※ 돌들의 옛 지명 '쇠돌'
소는 웅덩이
깍은 제주어로 하구

멋진 경치 속에서 하는 투명 카약이 최고 인기다.

몇 시간 동안 줄을 서야 할 정도!

투명 카약 말고도 테우 뗏목을 타고 구경할 수 없다.

인기 많은 곳은 겨울에도 사람이 많네.

용암이 흘러서 만든 계곡에 바닷물과 계곡물이 만난 절경!

꽃의 계절!

꽃망울이 터진다!
봄은 확실히 오고 있다.

제주
날라리
배낭자
③

안녕, 제주!

우리들의 새집은 어디에…

28

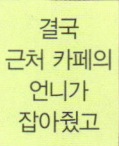

> 여기서 잠깐!
> **신구간이란?**
> 제주의 독특한 전통 이사 풍습.
> 대한 후 5일째부터 입춘 3일 전까지인
> 7~8일 동안 이어지는 기간에
> 이사하는 걸 말한다.

우리들의 새집은 어디에…

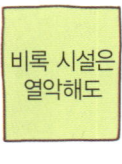

바다 별, 물고기 별
아쿠아플라넷

29

취재 차 제주에 내려온 두 분.

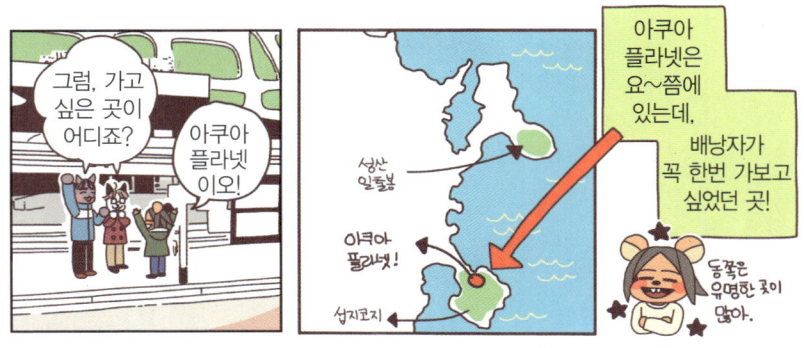

그때 그 느낌!

꽤 멋질 것 같아!

벌써부터 여름이 기대된다.

오! 소록소록!
30 오소록 게스트하우스

계곡물 흐르는 소리

지저귀는 새 소리들

만개한 벚꽃과 푸른 하늘

장엄한 풍경의
이곳은

드라마 '구가의 서' 촬영지로 유명한 안덕 계곡.

안덕 계곡은 대평리로 들어가는
두 개의 입구 중 시작점에 있는 곳.

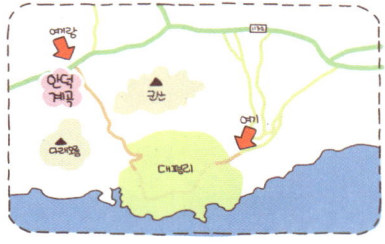

작년 여름, 대평리 선자살롱에서 머물 때.

하지만 이날따라
밥집들이 문을 일찍 닫아서

문 연 밥집을 찾아 어두운 대평리 마을을 혼자서 헤맸다.

밥집도 거의 없고 심지어 편의점도 없어.

뭔 동네가 이래? 슈퍼에서 겨우 먹을 거 샀네.

그래도 싫진 않다~.

한적한 시골 마을. 이 느낌이 좋아!

그랬는데···.

다시 찾은 대평리는···.

하긴 햄과 사리와 같이 살게 된 지도
벌써 열 달.

룸메 생활에도
허니문 기간이 있다.

3개월 정도는
내 룸메이트가 정말 맘에 들고
함께하는 생활이 즐겁지만

3개월(+α)이 지나면

개인 공간이 없다는
답답함에서 오는 스트레스…

심해지면 히스테리 작렬.

그래서 여행을 나왔다.

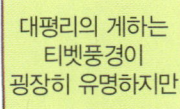

오소록은 엄청 큰 규모.

상세 설명 중인 배낭자.

결국, 다음 날
건강과 성 박물관에서 모인 세 여자!

그래서 떠난 혼자 여행인데…

결국 햄과 사리를 불러 냈다.
이런 재미있는 곳에 함께 할 수 있는 룸메들!

그리고…
여긴 정말 굉장한 곳.

정말 굉장한 곳인데

자세히 그릴 수 없음이 아쉽다!

혼자 살았다면, 제주가 아무리 좋았어도
1년이나 버티진 못했을 거야.

이러니 저러니 해도,

햄이랑 사리를 만나서 다행이야!

또 이론만 늘었어.

열심히 보면 뭐하노.

쓸 일이 없는데….

제주에서 아프리카를?
31

자전거 여행자가 많아졌어!

스쿠터 여행자도!

이젠 정말 봄이야!

제주시 동부의 바다는
월정리 해변이 여행자들 사이에서
가장 유명하고 인기 좋은 곳이지만,

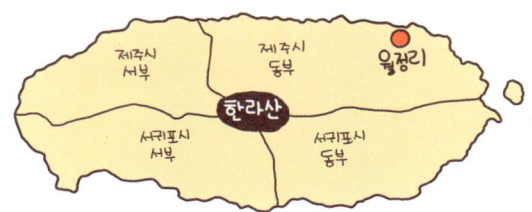

그 바로 옆!

함덕의 바다도 만만치 않게 아름답지.

가을에는 해안도로에 억새가 가득해서 여러 번 멈췄던 곳이기도 하다.

오늘 머물 곳은 함덕 해안도로 바로 앞에 위치한 아프리카 게스트하우스!

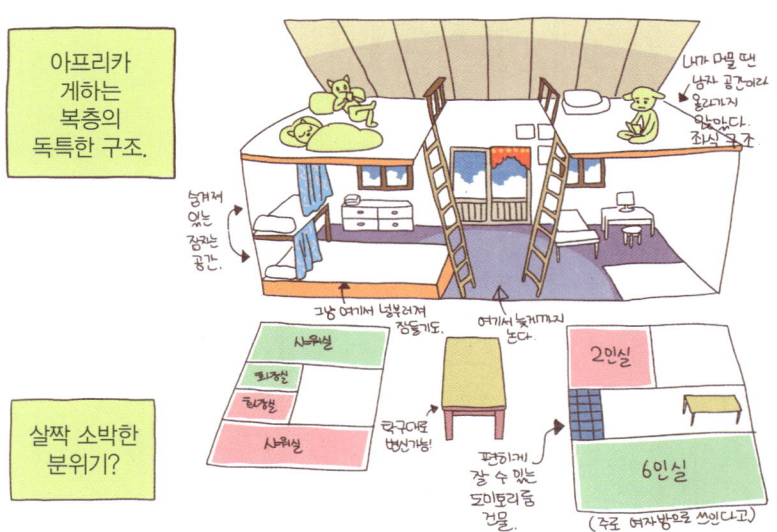

요즘 일찍 일어난 적이 없는데….

술 먹고 일어날 수 있을까?

하지만 결국 출발도 못 하고
게하에서 뻗은….

잠도둑에서 얻은 낭자 생각

32

제주 여행만화를 시작하기 전에
게스트하우스 관련 책을 여러 권 봤었다.
(사전 조사ㅋ)

잠도둑 게스트하우스?

동화작가가 하는 게스트하우스라고?

방송에도 나왔다고?

유명하구나!

인심이 넘치는 곳이라….

사진을 보면 꼭 동화에 나오는 집 같아.

제주에 가면 여긴 꼭 가야지!

하지만 그 생각과 다르게
제주 생활 1년이 지나서야 잠도둑에 가게 됐다.

이럴 수가!

내가 너무 기대를 한 걸까…?

게스트하우스의 진짜 재미는
역시 저녁이 되어야 알 수 있다.

결국 사람이야.
사람이 좋은 곳이 좋은 게스트하우스야.

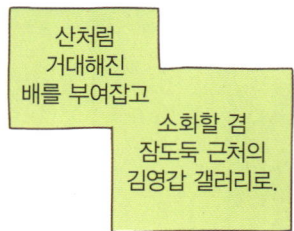

계속 제주에 있으면
나도 제주가 저렇게 보일까?

집 계약은 6월이면 끝나는데, 아직 새로 살 곳도 못 정했고

배낭자의 이 여행이 이제 끝이 보이네.

고산에서 새 집 구하긴 어려울 거 같고

잠도둑에서 머물면서 알아볼까?

그러기엔 서쪽에 아는 사람이 너무 많아!

육지에서 산 26년보다

제주에서 보낸 1년 동안
더 많은 사람을 만난 기분이 들어.

계속 여기에 있고 싶어…!

이타미 준과 안도 타다오

33

제주시 아라1동 서귀포로 가는 길,
516도로(1131)의 입구에 있는 엉클통김밥.

어? 이 그림책은 뭐지?

오! 흑돼지 캐릭터 짱 귀엽네!

제주의 강한 햇살 때문에 까맣게 타 흑돼지가 되었다나 ㅋㅋ

남쪽 바다에 화산섬 제주가 생겼어요. 분홍돼지 아저씨는 흑돼지가 될 정도로 열심히 밭을 일궜어요.

임금님의 생일 날, 흑돼지는 검은 빛깔의 음식을 만들어 올렸지요.

주위에서 비웃었지만, 임금님은 제주도의 채소로 정성껏 돌돌 말은 맛있는 김밥을 크게 칭찬했어요.

임금님께 큰 상을 받은 흑돼지 아저씨는 엉클통김밥을 차리고 행복하게 살았대요.

지나가다 우연히 들른 엉클통김밥에서
아침 대성공! 노형점도 한번 가봐야지.

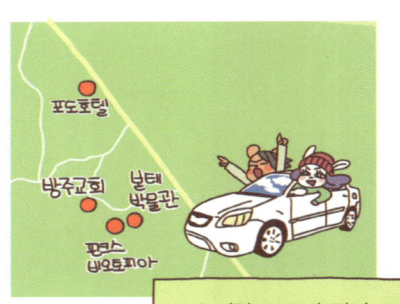

이타미 준의 포도 호텔로 고고씽.

이렇게 제주 이민자가
또 하나 늘어나는 건가?

박물관은 살아있다
세 여자도 살아있다

34

엄청나게 쏟아지네.

쉬 마려운데 귀찮게….

화장실까지 우산을 쓰고 가야 하는 열악한 환경의 우리 집.

오랜만에 만나는 친구 콩.

고산에서 처음 만났던 콩은
제주 토박이 친구.
같은 또래라 금방 친해졌다.

하지만 콩이 직장 때문에 제주시로 이사 가게 돼서
이번 만남은 실로 오랜만.

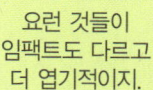

고산에 빈집이 나타나다니…!

사람의 앞일이란 정말 알 수가 없다!

안녕~! 아, 안녕?

우리 집은 집주인 할머니가
열일곱 살, 시집 올 때부터 살아온 집.

할머니는 무려 93세.

막상 계약을 하려고 하니 고민거리가 펑펑 터졌다.

그러다 햄, 사리를 만나고

두 사람의 집에 들어오고

하나 둘씩 살림 장만.

집주인 할머니의 따뜻한 정.

여행에서 돌아오면 반겨주는 나의 친구들.

그래서…
'안녕!'을 고하려고 했던 우리 집에게
다시 '안녕?'하고 인사.

끝 이야기